This Journal belongs to:

· · · · · · · · · · · · · · · · · · ·

· · · · · · · · · · · · · · · · · · · ·

· · · · · · · · · · · · · · · · · · · ·

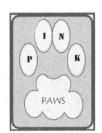

Thank you for using our Journal!

Hope you enjoy it!

For any information you need, do not hesitate
to contact us at the email adress:
pinkpaws.author@gmail.com

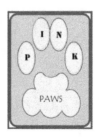

CPSIA information can be obtained
at www.ICGtesting.com
Printed in the USA
BVHW071325270321
603571BV00008B/1865